PEQUEÑAS BIOGRAFÍAS DE GRANDES PERSONAJES

MALALA YOUSAFZAI

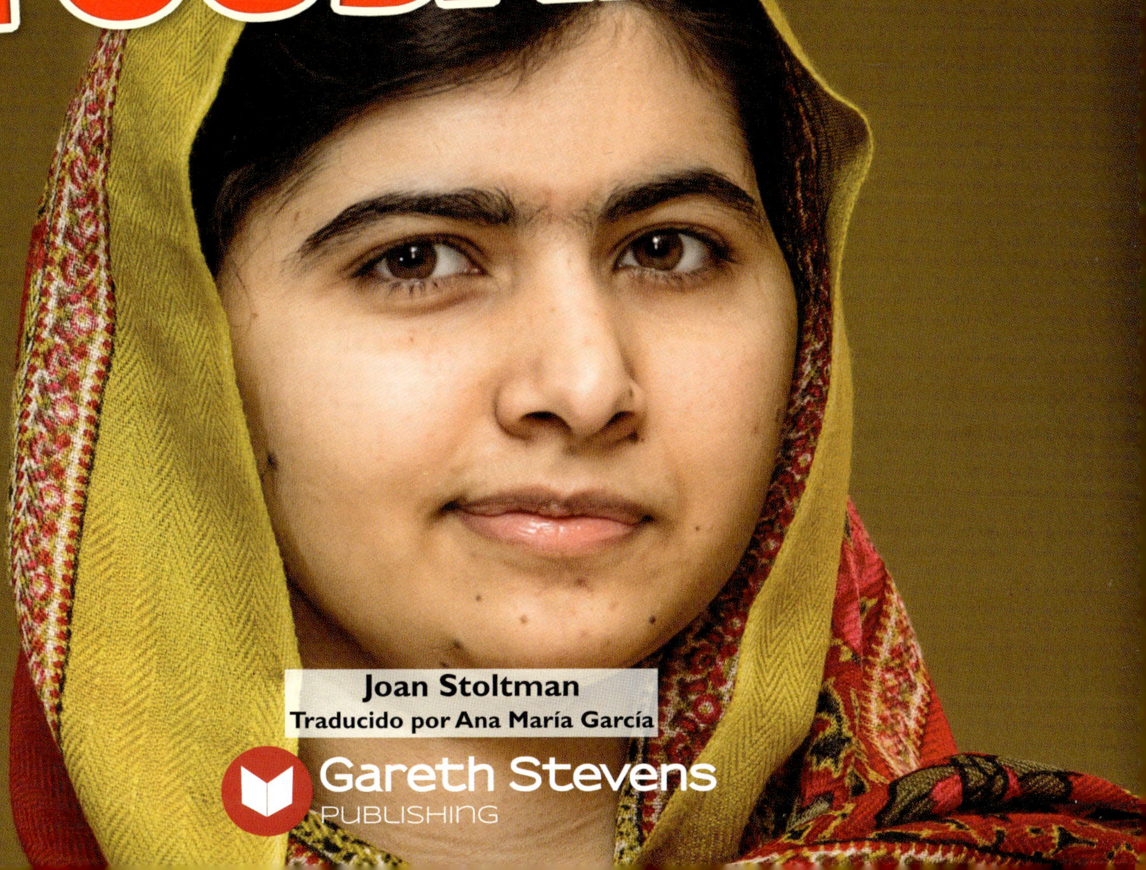

Joan Stoltman
Traducido por Ana María García

Gareth Stevens
PUBLISHING

Please visit our website, www.garethstevens.com. For a free color catalog of all our high-quality books, call toll free 1-800-542-2595 or fax 1-877-542-2596.

Cataloging-in-Publication Data

Names: Stoltman, Joan.
Title: Malala Yousafzai / Joan Stoltman.
Description: New York : Gareth Stevens Publishing, 2019. | Series: Pequeñas biografías de grandes personajes | Includes glossary and index.
Identifiers: ISBN 9781538236505 (pbk.) | ISBN 9781538236529 (library bound) | ISBN 9781538236512 (6 pack)
Subjects: LCSH: Yousafzai, Malala, 1997—Juvenile literature. | Young women–Education–Pakistan–Biography–Juvenile literature. | Children's rights–Pakistan–Juvenile literature.
Classification: LCC LC2330.S76 2019 | DDC 371.822095491 B–dc23

Published in 2019 by
Gareth Stevens Publishing
111 East 14th Street, Suite 349
New York, NY 10003

Translator: Ana María García
Editor, Spanish: Natzi Vilchis
Designer: Tanya Dellaccio

Photo credits: series art Yulia Glam/Shutterstock.com; cover Richard Stonehouse/Getty Images Entertainment/Getty Images; p. 5 Dimitrios Kambouris/Getty Images Entertainment/Getty Images; p. 7 ABDUL MAJEED/AFP/Getty Images; p. 9 Andrew Burton/Getty Images News/Getty Images; p. 11 Karwai Tang/WireImage/Getty Images; p. 13 Veronique de Viguerie/Getty Images News/Getty Images; p. 15 Handout/Getty Images News/Getty Images; p.17 ODD ANDERSEN/AFP/Getty Images; p. 19 TONY KARUMBA/AFP/Getty Images; p. 21 AFP Contributor/AFP/Getty Images.

Printed in the United States of America

CPSIA compliance information: Batch #CW19GS: For further information contact Gareth Stevens, New York, New York at 1-800-542-2595.

CONTENIDO

Las palabras del glosario se muestran en **negrita** la primera vez que aparecen en el texto.

Su infancia

Malala Yousafzai nació en Pakistán en 1997. Su padre fue **activista** y profesor. Aunque en Pakistán, las niñas no siempre reciben el mismo trato que los niños, el padre de Malala le prometió que lucharía por ella para que tuviera los mismos derechos.

Malala creció en una hermosa parte de Pakistán llamada el Valle del Swat. Le encantaba estar al aire libre, aprender y leer. Fue a la escuela para niñas que puso en marcha su padre. Luego, en 2007, un grupo **violento** y radical conocido como talibanes se apoderó del Valle del Swat.

Todo cambia

Los talibanes impusieron muchas normas en el Valle del Swat. Eran implacables con las personas que no las cumplían. Prohibieron la televisión y la música, y consideraban que las niñas no debían ir a la escuela. Pronto cerraron todas las escuelas para niñas en el Valle del Swat.

Comienza el activismo

Malala y su padre empezaron a denunciar las normas de los talibanes sobre el aprendizaje de las niñas. A los 11 años, Malala dio su primer discurso sobre cómo los talibanes le arrebataron el derecho a la **educación**. Bajo un nombre falso, comenzó a **bloguear** sobre la vida bajo la ley talibán.

WE
DAY

No retrocederá

A finales de 2009, Malala ya era famosa por su activismo. La gente descubrió que era ella quien estaba detrás del blog y los talibanes lo sabían también. A pesar de que estaba asustada, Malala no se detuvo. En 2011, su escuela ¡fue abierta nuevamente!

"La educación no es ni oriental ni occidental. La educación es educación, y es un derecho de todo ser humano".
—Malala Yousafzai

Ocurre una tragedia

Cuando Malala tenía 15 años, sucedió algo terrible. Mientras viajaba en el autobús de la escuela a su casa, un miembro talibán le disparó en la cabeza. Malala sobrevivió, pero fue llevada a Inglaterra para recuperarse y mantenerse a salvo.

Fire door keep shut
Fire door keep shut

Regreso al activismo

Al cumplir 16 años, Malala habló frente a los líderes mundiales sobre la educación y los derechos de las mujeres. Con la ayuda de su padre, creó el Fondo Malala para ayudar a todas las niñas a tener una educación. A los 17, le otorgaron el **Premio Nobel de la Paz** y se convirtió en ¡la persona más joven en recibirlo!

Den Norske Nobelkomite
har overensstemmende med
reglene i det av
ALFRED NOBEL
den 27. november 1895
opprettede testamente tildelt
Malala Yousafzai
Nobels Fredspris
for 2014
Oslo, 10. desember 2014

Gracias al Fondo Malala, Malala ha abierto escuelas para niñas en Líbano y Pakistán. Ha viajado por todo el mundo para hablar con niñas y jóvenes, especialmente **refugiadas**. Hace llegar sus historias y sus mensajes a los líderes que pueden realizar el cambio.

La lucha continúa

Hoy, cinco años después de que la dispararan, Malala ha iniciado sus estudios en la **Universidad de Oxford**, en Inglaterra, una de las mejores escuelas del mundo. Continúa luchando por la educación y los derechos de las mujeres y los refugiados. ¡Malala es muy valiente y fuerte!

GLOSARIO

activista: alguien que actúa con firmeza a favor o en contra de un problema o causa.

bloguear: escribir en un sitio de Internet sobre opiniones personales, actividades y experiencias.

educación: acción de enseñar a alguien, especialmente en una escuela. También, el conocimiento, la habilidad y el entendimiento que se obtienen al asistir a una escuela.

Premio Nobel de la Paz: premio otorgado cada año a una persona o grupo que realiza un trabajo importante y ayuda a lograr la paz en el mundo.

refugiado (a): alguien que busca un lugar seguro para vivir, especialmente en época de guerra.

universidad: centro de enseñanza superior donde se estudia después de terminar la escuela.

violento: todo lo relacionado con el uso de la fuerza.

PARA MÁS INFORMACIÓN

LIBROS

Duling, Kaitlyn. *Malala Yousafzai*. Minneapolis, MN: Jump!, Inc., 2019.

McCarney, Rosemary. *Dear Malala, We Stand with You*. New York, NY: Crown Books for Young Readers, 2015.

Yousafzai, Malala. *Malala's Magic Pencil*. New York, NY: Little, Brown and Company, 2017.

SITIOS DE INTERNET

Biografía: Malala Yousafzai
www.ducksters.com/biography/women_leaders/malalayousafzai.php
Aprende más sobre la vida de Malala en este sitio.

El Fondo Malala
www.malala.org
Lee sobre la labor que realiza Malala para ayudar a las niñas a recibir una educación en todo el mundo.

Nota del editor a los educadores y padres: nuestro personal especializado ha revisado cuidadosamente estos sitios web para asegurarse de que son apropiados para los estudiantes. Sin embargo, muchos de ellos cambian con frecuencia, por lo que no podemos garantizar que los contenidos que se suban a esas páginas posteriormente cumplan con nuestros estándares de calidad y valor educativo. Les recomendamos que hagan un seguimiento a los estudiantes cuando accedan a Internet.

ÍNDICE